El Collar de mi Madre

My Mother's Necklace

Lorena Wolfman

Lapizlazuli Editions

ISBN-13: 9780983414131

Library of Congress Control Number: 2019918937

A mi madre, Marianne, y a todas mis relaciones,
conocidas y no, que han abierto el camino.

To my mother, Marianne, and to all my relations, known and
unknown who in myriad ways have paved the way.

CONTENTS

AGRADECIMIENTOS

Tengo muchas personas a quienes quiero reconocer. Primero que nada, a la musa misteriosa, esa inspiración que llega volando por el aire, o a veces brota de la Tierra sin anunciarse. Me gustaría expresar mi gratitud a mi madre, por darme la bienvenida a este mundo y por las muchas cosas que me mostró, entre ellas la poesía indígena estadounidense, la mitología, el baile, y el amor por la Tierra. Me gustaría expresar mi gratitud a mi padre por su tierno corazón y sentido de aventura. Además, les agradezco a: Daria Halprin como maestra e inspiración; Ricardo Chávez por escuchar con su corazón; María Luisa Díaz de León por su amistad y ejemplo; Sonia Martin por su estímulo; Nicasio Urbina por su generosidad y apoyo; Ron Whitehead por su amistad; Arabella Salaverry por sus consejos; mis queridos profesores Gustavo Calderón, Emilio Cabeza-Olías y Gabriela Pisano; mi amigo Clifton Ross por su compromiso con la palabra; Pablo O'Dell por sus palabras de estímulo; Jenny Clemente; Martín Alvarenga; Salvador Mendiola; Enrique Nanti; Miguel Ángel Zapata; los organizadores del Festival Internacional de Poesía de Granada, Nicaragua por tu trabajo inspirador; Don y Ann Nix; Violeta Latorre por ser ella; mi hermano Randy Gore; Peggy Earle por su presencia y amor; Regina Reilly por su callada disposición revolucionaria; Elizabeth Cogburn, Kathleen Summit , y Polly Shaafsma, y Marjorie Wolfman y Marta y Agüeda por ser claves en moldear la atmósfera de mi niñez y convertirse en un viento vital a través de mi vida; a mis abuelas Selma y Alda y a sus esposos William y Kenneth; George, Mary y Linda Oppen; a todas mis relaciones, y a la multitud de maestros, amigos, y compañeros de viaje cuya presencia y apoyo han hecho posible este libro.

ACKNOWLEDGEMENTS

I have many to thank. I owe a debt to the mysterious muse, that inspiration that flies in or wells up from the Earth unannounced. I would like to express my gratitude to my mother, for welcoming me into this world and for the many things she introduced me to, among these, American indigenous poetry, mythology, dance, and a love for the Earth. I would like to express my gratitude to my father for his tender heart and sense of adventure. And, my thanks to: Daria Halprin as a teacher and inspiration; Ricardo Chávez for has ability to listen with heart; María Luisa Díaz de León for her friendship and example; Sonia Martin for her encouragement; Nicasio Urbina for his generosity and support; Ron Whitehead for his friendship; Arabella Salaverry for her advice; my professors Gustavo Calderón, Emilio Cabeza-Olías and Gabriela Pisano; my friend Clifton Ross for his committment to the printed word; Pablo O'Dell for his encouragement; Jenny Clemente; Martín Alvarenga; Salvador Mendiola; Enrique Nanti; Miguel Ángel Zapata; the organizers of the International Poetry Festival of Granada, Nicaragua for their inspiring work; Don and Ann Nix; Violeta Latorre for being herself; my brother Randy Gore; Peggy Earle for her suggestions and love; Regina Reilly for her quiet revolutionary ways; Elizabeth Cogburn, Kathleen Summit and Polly Shaafsma and Marjorie Wolfman and Marta and Agüeda as role models helping to shape the atmosphere of my early childhood and becoming a vital ripie through my life; to my grandmothers Selma and Alda and their husbands William and Kenneth; George, Mary and Linda Oppen; to all my relations, and to the myriad teachers, friends, and fellow travelers whose presence and support has made this book possible.

Introducción

La poesía es el idioma del alma. Es el canto de la imaginación encarnada. Al ponerla sobre el papel, y hacerla tangible, comienza una animación creativa que tiene el potencial de dar lugar a cambio y transformación. La poesía como representación creativa, como conjuro o ensalmo, revitaliza el mundo al evocar e invocar a los aliados de la psique, a las fuerzas alineadas con la vida, nuestros ángeles del alma.

Inicié el proceso de selección de los poemas para este libro durante unas semanas antes del día en que mi madre hubiera cumplido los 72 años que marcaba los cuatro años desde que había fallecido, ahora van doce años. Dedico esta colección a ella, a la mujer que fue mi madre, y en un sentido espiritual, al principio divino femenino, a la Diosa, en sus múltiples manifestaciones.

Al escribir utilizo técnicas del Proceso Vida-Arte de Tamalpa® que consiste en crear puentes entre la vida y el arte a través de una práctica que es recíprocamente iluminadora en la cual cada una informa la otra con el resultado de abrir nuevos horizontes de posibilidad, desarrollo y crecimiento. Este trabajo en las artes expresivas involucra tales disciplinas como: exploraciones de expresión corporal basadas en una conciencia somática; ciclos intermodales de artes, es decir, moverse de una modalidad artística a otra (danza, pintura, poesía); los tres niveles de conocimiento (mental, emocional, y físico); y el Proceso de Cinco Partes que se utiliza para facilitar cambios y crecimiento. Estas técnicas me llevaron a una expresión más profunda y espontánea de mi propia psique, como un recurso fundamental para la creatividad. Con la publicación de esta obra, espero compartir los frutos de mi viaje poético, que para mí, es una expresión que se nutre de un cumulativo paisaje estético en desarrollo continuo.

Como hija de un arqueólogo y una antropóloga, viajé por el Sur Oeste de los Estados Unidos, México y Centroamérica, que tuvo como resultado que mis primas palabras inteligibles fueran en español. Fui expuesta al arte y a los centros ceremoniales de las antiguas civilizaciones Mesoamericanas, Monte Albán, Teotihuacán, y Palenque, entre otros. Jugaba entre las pirámides del Sol y de la Luna y corría en la sombra de Quetzalcoatl y Coatlicue.

Esta colección de poemas es bilingüe, un juego de lenguaje y de artes entretejidos. Un diálogo continuo va estableciéndose entre el inglés y el español, al nacer los poemas en un idioma o en el otro, y luego, seguirse desarrollando en el proceso de la traducción, revelando nuevas capas de sentido y posibilidades sintácticas. Los poemas surgen de un océano onírico e intuitivo de imágenes, sensaciones y sonidos o palabras. Trabajo desde adentro con cada idioma con su sistema particular de relaciones lexicográficas, éste creado por la relación que existe entre la sonoridad de las palabras y por sus connotaciones culturales. Este proceso conduce muchas veces a explosiones sinápticas de regocijo al descubrir un lenguaje fresco.

La raíz de esta obra tiene también como antecedente el haber participado en el IV Festival Internacional de Poesía de Granada, Nicaragua. Todos celebramos allí la poesía como la consciencia de la Tierra y participamos de un éxtasis colectivo, un encantamiento desencadenado por las recitaciones poéticas noche y día.   En Granada, me sentí nutrida e inspirada para compartir mi voz poética.

Para la publicación del la primera edición de este libro, elegí usar el nombre Papayone, el nombre que me dio Jesús Mermejo, uno de los líderes del Pueblo de Picurís, cuando yo era bebé. Mi madre contaba que era un día cualquiera en Picurís, Nuevo México, cuando Jesús me levantó en sus brazos, con la naturaleza de testigo, y pronunció mi nombre Papayone, "Florecita Roja". Para esta segunda edición he dejado de usar este nombre en las páginas titulares, sin embargo sigue presente en mi corazón, honrando el deseo de mi madre que, mientras llegaba al final de su propia vida, quería que yo me acordara de este hecho. En conclusión, celebro el camino de renovación que empezó para mí con esta pérdida.

Como cualquier obra creativa, este libro representa un paso y a la vez un hito de un camino en curso.

Te lo ofrezco a ti, querido lector, de nuevo, como un regalo del camino.

Introduction

Poetry is the soul's speech. It is the embodied imagination's song. By putting it on the page, and making it tangible, a creative quickening toward change and transformation may begin.

Poetry as creative enactment, as incantation, invigorates the world by evoking —and invoking— the allies of the psyche, the forces aligned with living. Our inner angels.

I began the selection process for the poems included in this book during the weeks leading to what would have been my mother's 72nd birthday and the fourth anniversary of her passing— it's now been twelve years. I dedicate this collection to her, to both the woman who was my mother, and in a spiritual sense, to the divine feminine principal, the Goddess, in her myriad forms.

My approach to writing draws on techniques from the Tamalpa Life-Art® Process, bridging life and art through a reciprocally illuminating practice in which each informs the other, resulting in an opening of new vistas of awareness, possibility, development and growth. This expressive arts work involves such disciplines as: somatically based movement explorations, intermodal arts cycles, that is to say, moving between various art modalities (dance, painting, poetry); the three levels of awareness (mental, emotional and physical); and the five part process for change and growth. These techniques led me deeper into the spontaneous expression of my own psyche, as a prime creative resource.

With the publication of this work, it is my intention to share some of the fruits of my poetry-making journey which draws from a developing and cumulative aesthetic landscape.

As the daughter of an archaeologist and an anthropologist, I traveled through the American Southwest, Mexico and Central America, which led to my first intelligible words being in Spanish. I was exposed to ancient Meso-American art and sacred ceremonial sites, such as Monte Alban, Teotihuacan, and Palenque. I played among the pyramids of the sun and moon and ran in the shadows of Quetzalcoatl and Coatlique.

This collection is bilingual, a play of language and intertwining arts. An ongoing dialogue develops between English and Spanish, as poems are initiated, in one language or the other, and continue to develop in the process of translation, revealing new layers of meaning and syntactic possibilities. The poems emerge from a dreamlike ocean of imagery, feeling and sounds or words. I work within each language and its particular system of lexicographical relationships as created by kindred sounds and cultural connotations. The process often leads to synaptic explosions of joy as fresh language is uncovered.

This work also has roots in having participated in the IV International Poetry Festival in Granada, Nicaragua. There we celebrated poetry as the conscience of the Earth and I participated in the collective, rapturous spell cast by recitations, day and night. In Granada, I felt nourished and inspired to share my poetic voice

In the publication of the first edition of this book, I chose to use the name Papayone, given to me when I was an infant, by Jesus Mermejo, a Picuris Pueblo elder. As my mother told the tale, it was just another day in Picuris, New Mexico, when Jesus took me in his arms, held me up before the witnesses of nature, and pronounced my name Papayone, "Little Red Flower." For this second edition, I have dropped "Papayone" from the title pages, yet it is present in my heart honoring my mother, who wanted me to remember this story as her own life was coming to an end. Finally, I celebrate the journey of renewal that began for me with this loss.

As with any creative work, this book represents a stepping stone, a milestone on a life's journey.

I offer it to you, dear reader, again, as a gift from the road

What is life?
It is the flash of a firefly in the night.
It is the breath of a buffalo in the wintertime.
It is the little shadow which runs across
the grass and loses itself in the sunset.

¿Qué es la vida?
Es la chispa de una luciérnaga en la noche.
Es el aliento de un búfalo en el invierno.
Es una pequeña sombra que corre
por la hierba y se pierde en el atardecer.

—Crowfoot, warrior and orator,
guerrero y orador

Beauty before me
beauty behind me
beauty above me
beauty below me
beauty all around me
I walk in beauty...

Belleza delante de mí
belleza detrás de mí
belleza arriba de mí
belleza debajo de mí
la belleza me rodea
camino con la belleza...

MADRES DE LA CREACIÓN

Vestida de turquesa y viento viniste
Yoolgai asdzáá mujer de nácar.
Y sigues respirando suave desde mis sueños
gentil madre poetisa curandera espíritu nativo.
Tu vestido blanco está hecho de espuma de mar
y un menear coqueto y dulce de maracas
besando el silencio
como la luz acaricia la oscuridad
de la cual surgimos.
Nosotros caminamos con la belleza
como La Virgen Negra camina
con su hermana de nácar,
su brillante vestido de obsidiana
derramando la oscuridad.
Gemelas queridas,
una de blanco y la otra de negro
con sus brazos extendidos
salpican la noche
con los chasquidos de sus dedos.
Al abrir las manos
engendran la Creación
hijas de lo Absoluto
hijas absolutamente
Madres de Dios.

MOTHER'S OF CREATION

Robed in turquoise and wind you came
Yoolgai asdzáá white shell woman.
And you still breath softly out of my dreams
gentle native poemed healing spirit mother
white gown stitched of sea forma
and coy swishing of rattles
kissing the silence
as light caresses the darkness
from which we all arise.
We walk in beauty
like the Black Madonna who walks
side by side with her pearl sister,
her gleaming obsidian gown
pouring forth the dark.
Beloved twins,
one in black and the other in white
with arms outstretched
you punctuate the night
with you fingers snapping in the air.
When you open your hands
you bring Creation into being
Daughters of the Absolute
daughters absolutely
Mothers of God.

EL MIEDO

La ironía titila en mi ceja
y tintinea en mis labios.

Se escapan de mi boca
mil paradojas blancas
palomas huyéndose de su nido.

Arrancados del sol,
sus alas se estremecen
brillan chispean
en la búsqueda
de su luz única
mientras se fugan
de su origen anónimo
en la unidad del todo.

Es aquí
precisamente aquí
(en el aquí
que sugiere
que requiere
el allá)
donde se vislumbra la diosa
por sus efectos:
árbol
río
viento
pez
mar
montaña y cielo—
además de
calor o frío
rubor o blancor

FEAR

Irony shimmers on my brow
& rings on my lips.
A thousand white paradoxes
escape from my mouth,
doves in flight from their nest.
Torn from the sun,
their wings shudder shine
glisten spark
in search
of their singular light
while they flee
its anonymous origin
in the unity of everything.
It is here
exactly here
(in the here
that suggests
that requires
the there)
where god herself is glimpsed
through her effects:
tree
river
wind
fish
sea
mountain & sky—
not to mention
hot or cold
blush or pallor

sangre o calavera
o timidez desenfrenada
heroísmo siniestro
ignorancia brillante—
    Todos los nombres todos
todo y lo que representan
bajo el sol
bajo la luna
bajo el manto de las estrellas
todos son danzantes
luciendo el alba
(transparentes y desasidos)
antes de esfumarse.
    Todas las cosas, cada una,
el motivo de esta celebración
que es la gran fiesta
del Mundo.

blood or skeleton
or unbridled timidity
sinister heroism
brilliant ignorance—
all the names all
all & what they represent
under the sun
under the moon
under the blanket of stars
every one a dancer dressed in dawn
transparent & easy before vanishing
every one a reason
for this celebration
which is the fête
of the World.

LA TRISTEZA

Soy un bulto gris sin cara
que cargas acuestas
A veces, de puntilla sigo tus pasos,
me enrosco y suspiro a tus pies.
Mis raíces se entierran
en la arena del fondo del río de tu piel
y tu mirada se congela
en alguna parte profunda.
Mi congoja humedece tu mejilla marchita
bajo esta luna de luto.
Mis manos te envuelven
en un velo sedoso de bruma del pasado—
Y te vistes de reina en sus pliegues,
lo levantas como un estandarte de humo.
Tomas mi collar de labradorita
entre tus dedos como un rosario.
Y acuérdate. Acuérdate.
Acuérdate del timbre de mi voz
que coquetea con las brasas
de las campanas del hado.
Dentro de mi gemir te amonesto:
¡Recupera los tesoros tuyos
ocultos aquí en el fondo del mar
y lárgate!
¡Sólo yo puedo respirar estas aguas turbias!
Recupera tu velaje de luz
y vuela al sol.

SADNESS

I am a faceless grey bundle
you carry around on your back.
Sometimes, I tip-toe in your steps,
I circle 'round & sigh at your feet.
My roots bury thelselves
in the sandy river bottom of your skin
& your gaze freezes somewhere in the depths.
My sorrow moistens your wilted cheek
under grief's moon.
My hands envelop you
in a silken veil of mist from the past—
& you dress as a queen in its folds,
you hold it up like a banner of smoke.
You thread my moonstone necklace
through your fingers like a rosary.
And remember. Remember.
Remember the timbre of my voice flirting
with the embers of fate's bells.
With my cry I warn you:
Retrieve your treasure
buried here at the bottom of the sea
& leave!
Only I breathe in these murky waters!
Retrieve your veils of light
& fly to the sun.

Sólo sirvo para recordarte
del reino que has perdido.
Te ofrezco migajas centelleantes,
estrellas fulgurosas para marcarte el camino
a tu verdadera soberanía.
¡Síguelas antes de que se apaguen!

I am only a reminder
of the kingdom you have lost.
I offer you shining bread crumbs,
glowing stars to mark your way
to your true sovereignty.
Follow them before they grow dim!

DAMA DEL SUEÑO DE OBSIDIANA

La muerte me vino a visitar
Me dijo, yo te tengo algo que contar.
Pero yo le dije, Muertecita, yo no te quiero escuchar.
Ay, pero yo te tengo algo que contar—
Muertecita, Muertecita,
yo no te quiero escuchar
mi vida yo no la quiero dejar.
Ay amor, tarde o temprano, todos se dejan amar.

Y por el río el viento pasó
agitando la cabellera de los árboles.
Hija mía, hija mía, hija mía—
cantaban,
arrullándome con sus quedos aullidos, tarde o temprano,
todos se rinden a los encantos de la dama de la noche,
de la dama del sueño de obsidiana.

DAME OF THE OBSIDIAN DREAM

Death came visiting.
She said, I have something to tell you.
But I told her, sweet death, I will not listen.
Oh, but I have something to tell you—
Sweet, sweet death,
I will not listen.
I don't want to take leave of my life.
Oh, my love, sooner or later, everyone lets themselves be
loved.

And the wind passed over the river
shaking the tresses of the trees.
Daughter, daughter, daughter of mine—
they sang,
lulling me with their soft moans, sooner or later,
everyone surrenders to the charms of the dame of the night,
the dame of the obsidian dream.

OCÉANO NEGRO

te has convertido en océano negro
tus párpados brillan bajo la luna
donde la luz y el agua se juntan
sobre la piel de lo manifiesto

al revés cruzo en un puentecillo colgante
atravieso la noche
siguiendo el sol de horizonte en horizonte
para vislumbrarte por un instante

tu pelo negro traspasa los límites del tiempo
para alcanzar la paz silente sin imágenes
desde la cual nacen el viento y el azul
nacen los rayos la orilla del mar y el verde
nacen las montañas y el oro
nacen las tormentas los volcanes
y la majestuosidad purpúrea

y en lo alto
en lo alto
las estrellas titilan
titilan como espejitos redondos
pulidos
por el silencio   ágil—

BLACK OCEAN

you have become black ocean
your eyelids shimmer under the moon
where light & water meet
on the skin of the manifest

I cross a footbridge backwards
across the night
from sunset to sunrise
to catch a glimpse of you

your dark hair streams out past time
to an imageless silent peace
from which the wind & blue are born
lighting sea shores & green are born
mountains rivers & gold are born
storms volcanoes
& purple majesty are born

and overhead
overhead
the stars twinkle
twinkle like small round mirrors
polished
by the agile silence—

MIS COSTILLA SE LLENAN

mis costillas se llenan del vacío
la noche me agarra y tira fuerte
me lleva junto con la luna a la nada
las estrellas arden en su distancia silente
las horas se disuelven
como hueso que se convierte en arena
mi cuerpo se derrama por mi boca como polvo
como hueso convertido en tierra
                        tierra en polvo
                                    en polvo
                                            polvo...

MY RIBS FILL UP

my ribs fill up with emptiness
the night grabs hold and pulls hard
pulls me along with the moon into the void
the stars burn in their silent distance
the hours dissolve
like bone into grains of sand
my body pours from my mouth like dust
like bone into earth
      earth into dust
           into dust
                dust...

NADIE CONTESTA

cada partícula de la noche es totalmente seca
las estrellas afuera
que seguramente hay estrellas
las oculta el fulgor de la ciudad

la ausencia del día es insoportable
como la carencia de agua sal o aire

nadie contesta mi llamado
y los demás no pueden
ya no tienen voz
sus cenizas me llenan la casa

aquí en la oscuridad
mi voz se extiende
hacia un dios ausente

si ella estuviera ¿me daría cuenta?
¿por una imagen una sensación un sentido de alivio?
¿y si hago que existe aparecerá?

sólo una lluvia de lágrimas
sosiega esta dolencia
un aguacero breve
pero suficiente para continuar—

y mientras tanto en la cocina
a una orquídea color verde limón
se le ha ocurrido dar hojas nuevas.

NO ONE ANSWERS

every particle of night is bone dry
the stars outside
for surely there are stars
are obscured by the glow of the city

the absence of day is unbearable
like the lack of water salt or air

no one answers my call
and the rest have no phone
they have no voice
their ashes fill my house

here in the darkness
my voice reaches out
to an absent god

if she were here, would I notice?
an image a feeling a sense of relief?
and if I pretend will she appear?

only a shower of tears
quenches this ache
a brief downpour
but long enough to go on—

meanwhile, in the kitchen
a chartreuse-colored orchid
has begun sprouting new leaves.

SABOR A SOLEDAD

¿cuál es el sabor de la soledad?
¿cuál es la aroma del aliento sencillo?
como punto de partida para todo
lo que existe antes de hacer nada
sin ningún adorno

¿cuál es el sabor singular de la vida?
¿el silencioso sabor a solas?
cerca del manantial del ser
sabor al insólito presente de este momento
será el pleno sabor del silencio
del bosque silvestre que habita el alma
que acoge y abarca voraginosos ríos y cascadas
en sus brazos apaciguadoras

¿cuál es este sabor?
en medio del sosiego
¿este canto cardinal del ser silvestre?
lleno de agridulces verdades
de lo que es vivir
                              morir
y comprender al fin lo que es de ti
                              el amor—

TASTE OF SOLITUDE

what is the taste of solitude?
the flavor of a simple breath?
as a point of departure for everything
that exists before doing
without adornment

what is the singular taste of life?
silent flavor of aloneness
near the wellspring of being
the taste of the extraordinary presence of this moment
the full taste of silence
& the wild forest that inhabits the soul
receiving & embracing roiling rivers & cascades
in its soothing arms

what is this taste?
in the midst of serenity
this cardinal chant of aboriginal being?
bursting with bitter sweet truths
of what it is to live
                    to die
& to understand in the end what of you
                                    is love—

LA CARA ROJA DE LA LUNA

Soy el velo del luto color carmesí.
Soy la cara roja de la luna.
Paso entre las hermanas de la Tierra.
Lanzo mi sombra cardinal
entre las olas del mar
entre los surcos de los campos arados—
Soy la oscuridad que le da sentido a la luz,
de cada momento que compartimos
envueltos de estos humildes cuerpos.
Acóplate a mis corrientes bajo la tierra,
abajo ante los dioses sombríos
de la ira del remordimiento del abandono...
Mi lamento,
aliento de bruma relumbrante,
te purificará;
mi abrazo,
sudario mortal,
te mantendrá a salvo
hasta tu retorno.

Y entonces, suéltame. Entrégame.
Abre tus ojos,
ojos de tu cuerpo de sueños,
tu ser más exquisito,
y acuérdate,
acuérdate de ésta,
acuérdate del rubí encarnado,
en el centro de tu corazón.

THE RED FACE OF THE MOON

I am grief's crimson veil.
I am the red face of the moon.
I pass among the sisters of the earth.
I cast my cardinal shadow
'twist the waves of the sea
'tween the furrows of the plowed fields—
I am the dark that gives meaning to light,
to each moment we share
wrapped in these humble bodies.
Ride my currents deep underground,
underground before the tenebrious gods
of ire of regret of abandonment...
My keen, breath of gleaming mist
will cleanse you;
my embrace,
a mortal shroud,
will jeep you safe
till your return.

Then, let me go. Hand me over.
Open your eyes,
eyes of your dream body,
your most exquisite self,
& remember,
remember this one,
remember the scarlet ruby,
at the center of your heart.

ESTRELLAS ROTAS

Caminamos
bajo el arco
de la Vía Láctea
con los pedazos desgarrados
de nuestros corazones
en las manos.
Con los dedos envolvemos
estas estrellas rotas,
luminosos fragmentos de tiempo,
añicos de un sol lejano
que evaden nuestra aprehensión
sumiéndose en las arenas del desierto—
nosotros y las dunas nunca seremos otra vez
los mismos.

BROKEN STARS

We walk
under the arc
of the Milky Way
with the shattered pieces
of our hearts
in our hands.
Our fingers wrap around
these broken stars
shining shards of time
bits of a distant sun
that escape our grasp
sinking in to the desert sands—
we and the dunes will never be again
the same.

LA CARA VERDE DE LA NOCHE

la cara verde de la noche
sopla a través de las estrellas
aúlla en la puerta como un lobo
aunque sea maestra del abrir y cerrar
pide de limosna monedas de oro
aunque sea ella la bendición infinita
pide perdón
aunque sea ella la reconciliación
y el bálsamo infinito que sana todas las heridas

la cara verde de la noche
sopla a través de las estrellas
deseosa eternamente
por lo que nunca perdió
bebe sedienta
aunque sea ella manantial
sigue añorando su propia cara
aunque su esencia se desborda
hasta en las más recónditas aulas del universo

cuando ella se acuerda quién es
verde que vuela por las estrellas
la cara verde de la noche
se conoce
noche verde cara verde
soplando a través de las estrellas verdes
el verde que se convierte en verde

THE GREEN FACE OF NIGHT

the green face of night
blows through the stars
howls like a wolf at a locked door
though she is master of open & close
she begs for gold coins
though she is blessing beyond measure
she asks for forgiveness
though she is reconciliation
& the infinite salve that heals all wounds

the green face of night
blows through the stars
longing eternally
for what she never lost
she drinks with thirst
though she is a fount
she longs for her own face
though her essence overflows
in even the most remote rooms of the universe

when she remembers who she is
green blows through the stars
the green face of night
meets herself
green night green face
blowing through green stars
green becomes green

LA NOCHE QUE SUEÑA

soy la noche de color índigo que sueña
la noche que sueña en silencio
luciérnagas al blanco vivo que se apagan
sólo para volverse a encender

soy la mujer blanca entre las sábanas
la que está en busca de las manzanas verdes
el bulto de mi dolor está tirado a un lado de la cama
mi piel acariciada por el algodón

dentro de mis costillas
busco más noctilucas

cuando ya se han apagado todas
el olor a alcanfor palo santo y salvia
llega a la habitación

canto Om mani padme hum…

soy aquella noche que una vez bailé
cuando me quedé soñando con la lluvia
y esta noche esta noche
mi memoria se llena de otra vida
en la que bailé sobre el tablado de los zíngaros
el sol reventándose de granate papaya y mango
me acuerdo
pero me rehuyo de la añoranza
aroma a mandarina jazmín y lima agria
me acuerdo
y me desdibujo en las nubes

NIGHT DREAMING

I am the indigo night
the night that dreams in silence
white hot fireflies going out
just to light up again

I am the nude white woman under the sheets
the one searching for green apples
my pain tossed in a bundle by the bed
skin caressed by cotton

I search through my ribcase
for more lightning bugs

when they have all gone out
the smell of camphor palo santo & sage
wafts into the room

I chant Om Mani Padme Hum…

I am the night I once danced
when I dreamed of rain
& this night this night
my memory fills with another life
when I danced on the gypsies' stage
sun bursting pomegranate papaya & mango
I remember
but I shy from longing
scent of tangerine jasmine & bitter lime
I remember
& I fade into the clouds

me esfumo en los nimbos
donde me encuentro
capturando los astros
y las mariposas huidizas

canto Om mani padme hum…

he descubierto
una entrada secreta
y desde la puerta me quedo mirando visiones
que revolotean como libélulas en un cielo nocturno

ojos cerrados
ojos cerrados
resbalándome en las frías
piedras grises del pasado
el desvío donde me perdí

canto Om mani padme hum...

brota la corona del sol
sentido surge del sinsentido
como una serpiente que emerge del mar
como los ojos de Afrodita
con la vista despejada para las cosas pequeñas
y las cosas grandes

y ahora entiendo—
me envuelvo en la noche como en un chal de oración
y me voy canturreando y meciéndome por el camino
de las estrellas esferas mundos galaxias
conceptos de Universo y Dios

I fade into the nimbi
where I find myself
capturing butterflies
& elusive stars

I chant Om Mani Padme Hum...

I have found
a secret entrance
& from the door I watch visions
fluttering like dragonflies in the night sky

eyes closed
eyes closed
slipping on the cold
grey stones of the past
the detour where I got lost

I chant Om Mani Padme Hum...

the sun's corona flares
sense arises out of senselessness
like a serpent out of the sea
like the eyes of Aphrodite
with clear sight for small things
& large things

& now I understand—
as I pull the prayer shawl of night around me
& I hum & sway on the path
of stars spheres worlds galaxies
concepts of Universe & God

soy la luz que se apresura
hacía el alba
para llegar
antes del estallido
de los pájaros cantores

I am the light that hurries
toward the dawn of day
to arrive
before the song birds
burst forth

DESPACIO

Lame lento los dedos delgados de la melancolía
y mordisquea despacio el lóbulo tierno del sufrimiento
más lento aún saborea los labios trémulos de la contradicción
y con la mayor lentitud
absorbe la mirada húmeda de la paradoja.
Inhala el delicado aroma tempestuoso la tranquilidad.
Equilíbrate en la lengua azotadora de la noche
y de los sueños extraviados
—sueños, de esas recordadas a medias que nunca se lograron.
Muerde fuerte la piel de la amargura para descubrir la dulzura.
Álzalos temblorosos sol y luna para que te alumbren la vista.
Abraza por igual el tenebroso nadir diurno
y el ardiente nadir nocturno.
Mientras la Tierra tambaleante sigue dando vueltas en su eje
mientras la perfección camuflada
por alguna pálida constelación de la medianoche
esconde su cara
tienes sólo tus propios ojos para ver.
No te apartes. Mira. Mira bien.

SLOWLY

Slowly suckle melancholy's slender fingers
& nibble suffering's tender earlobe even slower
slower yet sip contradiction's trembling lips
& slowest of all
absorb paradox's moist eyes.
Inhale the delicate raging aroma of stillness.
Balance on night's thrashing tongue
& those misplaced dreams
—dreams, the half remembered kind, that never came to be.
Bite deep into the skin of bitterness to find sweetness,
raise up the shuttering moon & sun by which to see.
Embrace both tenebrious diurnal
& blazing nocturnal nadirs.
As Earth continues to wobble on its axis
as perfection camouflaged
by some pale midnight constellation
hides its face
you have only your own eyes with which to see.
Linger. Look. Look with care.

HAY VECES

I.
Hay veces en que la sombra
opaca oscurece se adueña de la luz
se eleva como una llovizna del océano
salpica los colores del día
con tristeza incertidumbre duda
con todo lo que se mandó a la sombra.

Da vueltas el vórtice de vida y muerte,
la oscuridad gira arrojando pájaros al vuelo
en tal cantidad que lanzan sus formas lúgubres
a través del cielo y lanzan una mancha
sobre todo lo que brilla, hasta el último resplandor.

Aún así, como buscadores del sol, encontramos destellos
en las siluetas intersticiales del asombro y preguntamos
"¿Cuál es la naturaleza de la oscuridad?
¿De la luz?
            ¿Y cuál es
                        esta danza?

II.
Me desenredo las alas
las despego de la telaraña
que las detiene adentro, abajo,
adentro y abajo, cruzando mi pecho y mis hombros.

Extiendo mis alas, acrecentándolas al máximo
y descubro como asumir la oscuridad,
convertirme en ella y volar.

THERE ARE TIMES

I.
There are times when shadow
opaques obscures overtakes the light
reaches up like ocean spray
splashes the colors out of the day
with the gloom uncertainty doubt
of all that was sent into the shade.

The dark vortex of life and death swirls
spewing birds into flight
in such numbers they cast their forms
across the sky and leave a stain
upon all that is bright, every last glint.

Even so, we seekers of the sun find glimmers
in the interstitial silhouettes of wonder and ask
"What is the nature of darkness?
Of light?
            And what is
                        this dance?"

II.
I untangle my wings,
pull them free from the web
that holding them inside down
inside and down across my chest and shoulders.

My wings I extend to the fullest
and discover how to assume darkness,
become it and fly.

Y ahora me he convertido en cielo negro
y como la noche revestida en tinieblas vuelo
con mi cara de cuervo.
Y ahora las puntas de mis alas alcanzan el amanecer.

Y con el estallido del día,
caminaré sencilla
                        me abriré
                                caminaré
caminaré y me abriré
me abriré los ojos
y recibiré este juego
de luz
        y sombra
            luz
                sombra
                    luz.

And now I have become the black sky
and as the night robed in darkness I fly
with my raven face.
And now my wing tips touch the dawn.

And with the break of day,
I will walk simple
          open
              walk

walk and open
open my eyes
and receive this play
of light
    and shadow
      light
        shadow
          light.

POEMA DE MADRE E HIJA

Respira, respira, cuerpo mío.

Mi respiración
es una doble hélice dando volteretas
extendiéndose por el universo—

Madre, Madre, que estás en los cielos
en los cielos con mi madre carne y hueso
la que me prestó un lugar en su vientre—

Por dentro y por fuera:
sigilosa serpiente sin fin
salamandra sol
flujo rítmico
que surge y cae.

Respira, Respira cuerpo mío—
Late, mi corazón, late,
no ceses de latir.

La sangre fluye
por estas venas
el pulso de un sola vida
esta forma femenina
fruto del vientre
mis brazos entrelazados
con vidas anteriores
con lo informe
           del misterio

MOTHER & DAUGHTER POEM

Breathe breathe body of mine.

My breath
is a somersaulting double helix
reaching into the universe—

Mother, Mother who art in heaven
in heaven with my flesh and blood mother
the one who made a place for me in her womb—

In & out
a stealthy serpent without end
salamander sun
rhythmic flux
rise & fall.

Breathe breathe body of mine—
Beat heart of mine beat,
don't stop beating.

Blood courses
through these veins
the pulse of a single lifetime
this womanly form
fruit of the womb
my elbows interlocked
with past lives
& the formless
                    mystery

apenas fuera del alcance del compás de la imaginación...

Tranquilo, tranquilo, mi cerebro.

Madre, Madre que estás en los cielos...

Mi mente mi cuerpo mi corazón
guiados sí por el arte impreciso de mi madre
que fue forjada por la mano perfecta
                              del Universo.

just outside the gait of the imagination...

Quiet, quiet, brain of mine.

Mother, mother who art in heaven...

My mind my body my heart
guided yes by the imprecise art of my mother
who was shaped by the perfect hands
                    of the Universe.

VOCES DEL VIENTO

Ella es una mujer de habla sedoso vestida de rojo. Habla en frondosos matices de verde azulado. Es una mujer que al menos una vez ha hablado con el viento viéndolo de reojo.

En este momento ella habla con una mujer de violeta que está viendo un reloj. La mujer de violeta acostumbra hablar cara-a-cara con el viento. Y había hablado cuando pausaron para merendar moras con crema. Con aliento agridulce, las mujeres viento-hablantes, siguen hablando. Hablan de como les gustaría haber hablado y de como hablarán. Habiendo hablado tendidamente, hablan aún en purpúreos matices que se cuelgan en el aire. Habiendo hablado de los vientos amargos y dulces sus voces se van apagando ahondándose en profundos matices de lila. Finalmente, a la puesta del sol, un silencio envuelve sus voces y escuchan la enjoyada voz silvestre de viento.

Escucha—está hablando aún.

VOICES OF THE WIND

She is a soft-speaking woman dressed in red. She speaks in lush teal tones. She is a woman who at least once has spoken with the wind out of the corner of her eye. Just now she is speaking with a woman in a violet dress who is gazing at a round-faced clock. This woman makes a habit of speaking face-to-face with the wind. She speaks just now as they pause to eat blackberries and cream. The wind-speaking women with bittersweet breath, casually go on speaking. They speak about how they would like to speak and how they might speak. Having spoken long, they speak still in lingering purple tones. Having spoken about bitter winds and sweet winds, their voices trail off in deepening shades of lilac. Finally, at sunset, silence overtakes their voices, and they hear the jewelled wind speaking. Listen—it is speaking even now.

...la belleza se ha restaurado
la belleza se ha restaurado...

...beauty has been restored
beauty has been restored...

YA NO ESTÁS

Ya no estás aquí
para que admiremos juntas
la asombrada purpúrea efervescencia
de la jacarandá
¿la estarás viendo de donde estés?
¿o eres tú allí
                    en plena flor?

YOU ARE NO LONGER

You are no longer here
for us together to admire
the amazed purple effervescence
of the jacarandas
Do you see it from where you are?
Or is that you there
                   in full flower?

BAILANDO CON EL VIENTO

Hoy te veo aquí de nuevo
caminando junto a la bahía
tu rebozo azul alzado al aire
hinchándose
volando...
Hoy te veo nuevamente
bailando con el viento.

DANCING WITH THE WIND

Today I see you here again
walking by the bay
your long blue shawl held in the air
billowing
flying...
Today I see you again
dancing with the wind.

EL AMANECER

un dejo de jazmín flota en mi boca
y como si hubiera mordido el cielo
 la estrella de la mañana
se desliza por mi garganta
y florece en mi pecho
declarando la perfección
de este momento
el crepúsculo se abre y deja de ser
respiro profundo
y las hojas nuevas nacen
mi suspiro fluye sobre la tierra recién arada
pájaros llegan volando
para dejar todo limpio
los huesos de lo que ha terminado
nutren la tierra
y todo parpadea
como las marimbas de antaño
todo cede paso a algo nuevo

—recibamos esto todos
este primer día del resto de la creación
con el mismo espíritu con el cual nos es dado:
completamente abierto—

DAWN

a hint of jasmine floats on my breath
and as if I had taken a bite out of the sky
as the morning star
slides down my throat
and flowers in my chest
declaring the perfection
of this moment
my twilight opens itself up and ceases to exist
I breathe deeply
and new leaves come forth
my sigh flows over the newly turned earth
birds fly in
to clean everything
and the bones of what has ended
nourish the earth
and everything blinks
and blinks bright
in awe like marimbas of long ago
everything gives way to something new

—may we all receive this
the first day of the rest of creation
in the spirit it is given:
fully open—

MADRE DE LOS CIELOS

diosa de los cielos y del agua
divina madre del alba
eres el cantar celeste de la chirimía
la voz vertical y sonora del tambor
el vaivén de la lluvia
eres el cantar que circunda
el giro de muchas lunas
lunas crecientes lunas menguantes
las que serán y las que han sido
tus labios índigos
cuentan sueños y visiones
madre tu aliento turquesa
es el verbo divino
las magas coinciden
en que eres indivisible e incognoscible
madre de las dakinis y sílfides
madre del creador
existes antes
y después de todo pensamiento
divina contigo converso
sobre la esencia
sobre la muerte
sobre mi camino por la tierra
descanso en tus brazos cerúleos
donde todo ocurre en el centro mismo
en la cumbre donde convergen
los cuatro caminos de diez mil nombres
palo montaña piedra
río viento corazón

MOTHER OF HEAVEN

goddess of heaven & of water
divine mother of dawn
you are the blue song of the flute
the vertical & resounding voice of the drum
the oscillation of the rain
you are the chant that surrounds
the gyre of many moons
waxing moons waning moons
those yet to be & those that have been
your indigo lips
tell of dreams & visions
mother your turquoise breath
is the divine word
the wise women agree
that you are indivisible & unknowable
mother of dakinis & sylphs
mother of the creator
you exist before
& after all thought
divine one I converse with you
about essence
about death
about my path on the earth
I rest in your cerulean arms
where everything occurs in the very center
at the summit where the four paths
known by ten thousand names converge
wood mountain rock
river wind heart

venas pulso sangre
tus ojos azules
bajo tu vista añoro la flama
la flama de tu corazón encendido
todo lo que ocurre
y lo que pinta nuestra imaginación
nace de la suma de tus convergencias
de tus recetas prestadas
de piedad mar tierra volcán
terremoto huracán infinita mesura
mesura sin medida
sol y tormenta
en ti descanso y me acoplo
maga y madre de los cielos—

veins pulse blood
your blue eyes
under your watchful gaze I long for the flame
the flame of your fiery heart
everything that happens
& that we paint with our imaginations
is born of the sum of your convergences
borrowed recipes
recipes for compassion sea earth volcano
earthquake hurricane infinite measure
measure without measure
sun & storm
in you I rest & engage
wise woman & mother of the heavens—

TEJIENDO

—*a las tejedoras*

Tejiendo
el cielo a la noche
tejiendo
la tierra al día
tejiendo
Aracne Atena
Ixchel Pandora
Penélope Nit
mujeres que tejen
la noche al día
la tierra al cielo
estrellas y destellos
escondrijos y transparencias
peñas y rocas
guerra y paz
cometas y océanos
minerales y planetas
calaveras y tiempo
escamas y sirenas
escobas y caminos
candelas y alcobas
ternura y vida
átomos y universo
las tres Parcas
en su telar
tejen una circunferencia
íntegra
mi alma su madeja
mi alma su lanzadera

WEAVING

—to the weavers everywhere

weaving
the sky to the night
weaving
the earth to the day
weaving
Arachne Athena
Ixchel Pandora
Penelope Nit
weave
the night to the day
the earth to the sky
stars & glimmers
nooks & openings
crags & rocks
war & peace
comets & oceans
minerals & planets
skeletons & time
scales & mermaids
brooms & roads
candles & boudoirs
tenderness & life
atoms & universe
the Moirae
at their loom
weave a circumference
of wholeness
my soul their skein
my soul their shuttle

mi alma su urdimbre
mi alma: búho quetzal araña
árbol campanilla y jaguar
danzante y diosa
maneja el telar de la vida
y sueña y desea
a través de las distancias
nuevas compenetraciones
a través de las cercanías
nuevas alquimias
averno tinieblas guerra
manantial tierra paz
mi alma tejedora
en sus manos los hilos
de luz de viento de lluvia
de música de vida de iluminación
mi alma
en sus manos
los hilos de la luna
del sol y las esferas
por donde transitan las diosas magas
Sunna
Filomena
Tatsuta-Hime
las mujeres de los vientos violáceos
por donde el alma se esfuma
de vida en vida
y en esta vida
se levanta y viaja
como las olas del mar
siempre nueva.

my soul their warp
my soul: owl quetzal spider
tree morning glory & jaguar
dancer & goddess
my soul works at the loom of life
& dreams & desires
across distances
new insights
in proximity
new alchemies
underworld darkness & war
wellspring earth peace
my weaver soul
in her hands the threads
of light of wind of rain
of music of life of illumination
my soul
in her hands
the threads of the moon
of the sun & the spheres
where the witch goddesses move
Sunna
Filomena
Tatsuta-Hime
the women of the violet winds
where the soul dissolves
from one life into the next
& in this life
rises up & travels
like the waves of the ocean
always new.

EL MISTERIO DEL PRESENTE

El misterio se despliega sin medida
el misterio abrazándose del misterio
dando una luz inimaginable
que llena sin mesura
toda esperanza toda plegaria
cumplida en el misterio del presente...
estas alas sigilosas desplegándose
pájaros de lo perdido
sí como ellos subo al aire
vuelo de nuevo
con un batir tembloroso de mis alas
pecho al aire
doy vuelo doy vuelo
me deslizo sobre las alas centelleantes del tiempo
todos los tiempos juntos ahora
en el abrir y cerrar del misterio del presente
en la alegre canción del ahora
en el perfecto discernimiento del todo
y el perfecto hablar de todo
y el alegre hablar del presente
y el crear círculos
para escuchar este momento aquí esta esencia
el sabor más dulce de la presencia
que se mueve en las lenguas de todas partes
en todas partes reluciente reluciente
alcanzando superando distancias
luz en el horizonte
del presente momento
estrellas en la cumbre del camino para llegar aquí
y a ningún otro lado aquí aquí aquí

MYSTERY OF THE PRESENT

Mystery unfolding beyond measure
mystery holding mystery
giving unimaginable light
that fulfills beyond measure
all hope all prayer
realized in the mystery of now...
these silent wings unfolding
birds of loss
yes as they do I take flight
take flight anew
with a batting flutter of my wings
breast bone to the air
I take flight I take flight
glide on the gleaming wings of time
all time together now
in the blinking mystery of now
in the joyous song of now
in the perfect discernment of all
& the perfect speaking of all
& the joyous speaking of now
& the stealthy creation of circles
of listening to the now to the here to the essence
sweetest taste of presence
moving on tongues everywhere
everywhere gleaming gleaming
cresting distances
light on the horizon
of the present moment
stars on the crest of the way here
& nowhere else here here here

únete a mis pasos bailemos
entrégate a este altar de amor
y alegría desplegándose levantándose
más allá de toda expresión más allá
más allá de toda esperanza más allá
amorosa tierna ternura
        tierna
            ternura
tierno misterio
        desplegando
                misterio.

move with me let's dance
surrender to this altar of love
& unfolding joy arising
beyond all arising beyond
beyond all hope beyond
tender loving tender kindness
                    tender
                              kindness
tender mystery
                    unfolding
                                   mystery.

EL COLLAR DE MI MADRE

el océano que corre
por mis venas

responde al llamado
de la luna

a lo largo de la noche
voy contando las cuentas

del collar de Kali
de sangre y de llanto

Kali la negra
lengua de fuego prohibido

más allá de podredumbre y de hedor
más allá de tierra calcinada y de muerte

más allá del tiempo
más allá de la materia

voy contando las cuentas
del collar de Cōātlicuē

Cōātlicuē
de la falda de serpientes

madre de los dioses
matriz y tumba

MY MOTHER'S NECKLACE

the ocean that courses
through my veins

responds to the call
of the moon

all night long
I count the beads

in Kali's necklace
beads of blood of lamentation

Kali the black one
tongue of forbidden fire

beyond rot & stench
beyond burned earth & death

beyond time
beyond form

I count the beads
in Coatlicue's necklace

Coatlicue
of the serpent skirt

mother of the gods
womb & grave

luna y estrellas
y guerra

suena su estridencia
clamor trompetas y atabales

en el poniente
voy contando las cuentas

del collar de la vida y de la muerte
eternidad más allá de la materia

sentada frente a Cōātlicuē y Kali
cada una sacudiendo

su colección de calaveras
y corazones arrebatados

dolor congoja y cambio
fue para estos tiempos

que mi madre me dejó
un collar

tallado de los vástagos de marfil
de sus manos y de sus pies

falanges floreciendo en raíces
una filigrana de venas fundidas

en la noche
la matriz de la tierra

moon & stars
& war

her stridence & clamor
trumpets & hand drums

sound in the West
I count the beads

in the necklace of life & of death
eternity beyond form

I sit before Coatlicue & Kali
as each one rattles & shakes

her collected skulls
& plundered hearts

pain heartache & change
it was for these times

my mother left me
a necklace

carved of the small ivory branches
of her hands & feet

phalanges branching into roots
a filigree of veins embedded

into the night sky
earth's womb

cuento
la cuentas

en el collar de mi madre
toda la noche

ternura y hueso

y fuerte y hueso

y ausencia y hueso

y llama y hueso

ahora

aquí

yo

nada

todo

uno

medicina fuerte
para tiempos fuertes

mi sangre
fluye

I count
the beads

of my mother's necklace
all night long

delicacy & bone

& deep & bone

& absence & bone

& flame & bone

now

here

me

gone

all

one

strong medicine
for troubled times

my blood
flows

con la sal rosada del mar
que ella me regaló

para todos los tiempos
todo el tiempo

marfil perla nube huracán
y tuétano que fabrica
el mundo

nuevamente

a la luz del alba

with the rose   sea   salt
she gave me

for all times
all time

ivory pearl cloud hurricane
& marrow that builds
the world

anew

at the light of dawn

... con belleza esto termina
con belleza esto termina...

—*Canto Navajo*

...in beauty it is finished
in beauty it is finished...

—*Navajo Chant*

ACERCA DE LA AUTORA

Lorena Wolfman nació en Boulder, Colorado. Como hija de antropólogos, pasó la niñez viajando entre las culturas del pasado y del presente del Suroeste Americano y Mesoamérica. Tiene una Maestría en Literatura castellana de San Francisco State University. Artista multimodal, maestra y poeta, ella ha sido publicada y ha presentado su trabajo internacionalmente. Es egresada del programa de Artes Expresivas del Instituto Tamalpa, donde también sirvió en la mesa directiva. Desde el 2014, vive en San Pedro de los Pozos, Guanajuato donde enseña danza y artes expresivas, ofrece coaching para chicos de prepa en comunicación expresiva y autoestima, y promueve el arte, la promoción de la lectura y conciencia ecológica a través de varios proyectos,.

ABOUT THE AUTHOR

Lorena Wolfman was born in Boulder, Colorado. As the daughter of anthropologists, she spent her childhood traveling between the past and present cultures of the American Southwest and Mesoamerica. She has a Master's Degree in Spanish Literature from San Francisco State University. Multimodal artist, teacher and poet, she has been published and has performed internationally. She is a graduate of the Movement-based Expressive Arts Program at the Tamalpa Institute, where she also served on the board of directors. Since 2014, she has been living in San Pedro de los Pozos, Guanajuato where she teaches dance and expressive arts, coaches high school students in expressive communication and self-esteem, and .works to promote art, literacy and ecological awareness through various projects.

www.ingramcontent.com/pod-product-compliance
Lightning Source LLC
Chambersburg PA
CBHW051847040426

42447CB00006B/742